Diebe, Schurken, Mörderbanden

Ilona Priebe

Fälle und Begebenheiten aus
Kölns Kriminalgeschichte

Mit Fotografien von Boris Loehrer

J.P. BACHEM VERLAG

Bildnachweis:
Alle Fotos von Boris Loehrer
außer dem Cover: Fritz Schnell, Köln;
S. 9: Hansherbert Wirtz, Köln;
S. 13: Universitäts- und Stadtbibliothek, Köln;
S. 16, 28, 38: Rheinisches Bildarchiv, Köln.
Wir danken dem Kölnischen Stadtmuseum für seine freundliche Unterstützung.

Umschlagabbildung:
Im Kellerbereich des Oberlandesgerichts gibt es noch zwei „klassische" Gefängniszellen. Sie werden häufig für Filmaufnahmen genutzt. Nur in einigen wenigen besonderen Fällen, wenn ein Gefangener zur Verhandlung ins Gericht gebracht wird, dienen sie als Tageszellen.

Bild rechts:
Auf dem Alter Markt stand früher der Pranger, Kax genannt. Das Stehen am Pranger zählte zu den entehrenden Strafen.

Bibliografische Information Der Deutschen Bibliothek
Die Deutsche Bibliothek verzeichnet diese Publikation in der Deutschen Nationalbibliografie; detaillierte bibliografische Daten sind im Internet über
http://dnb.ddb.de abrufbar.

ISBN 3-7616-1727-5

1. Auflage 2003
© J. P. Bachem Verlag, Köln 2003
Redaktion und Lektorat: Martina Dammrat, Köln
Einbandgestaltung und Layout: Heike Unger, Berlin
Reproduktionen: Reprowerkstatt Wargalla GmbH, Köln
Druck: Druckerei J. P. Bachem GmbH & Co. KG, Köln
Printed in Germany
ISBN 3-7616-1727-5
www.bachem-verlag.de

Inhalt

1

Kriminelle Begebenheiten

Kidnapping, Kirchenraub und „Köpfmaschine"

Vorherige Doppelseite:
Im Schatten des Doms wurde
zwischen 1799 und 1803 im
Bedarfsfall die Guillotine aufge-
baut. In den vier Jahren, in
denen das Kriminalgericht in
Köln Todesurteile fällte, wurden
29 Menschen hingerichtet.
Verglichen mit der durchschnittlichen jährlichen Zahl der Hinrichtungen in den Jahren und
Jahrhunderten zuvor, war dies
eine enorme Steigerung.

Schauen wir uns tagsüber das bunte Treiben rund um den Dom an, fällt es vielleicht schwer uns vorzustellen, dass sich hier auch manch grausame Geschichte abspielte und manch einer im wahrsten Sinne des Wortes den Kopf verlor. Allein der Dom hat solch dunkle Stunden erlebt und zwar nicht nur der gotische Dom, sondern auch der Vorgängerbau, der karolingische Dom. In der Domtiefgarage befindet sich noch der alte Dombrunnen – allerdings ziemlich verwaist hinter Gitter. An der Nordseite der römischen Stadtmauer erkennen wir einen turmartigen Anbau aus Ziegelsteinen. Ein Gitter liegt über dem Einstieg, der einen Schacht verdeckt, der am Fundament der Stadtmauer entlang und schließlich aus der Stadt hinausführte. Die römische Stadtmauer diente auch im frühen Mittelalter noch als Befestigung. Wir verbinden diesen Schacht mit der Flucht des Erzbischofs Anno II. im April 1074. Der herrschsüchtige und strenge Geistliche war seit seinem Amtsantritt 1056 bei den Kölnern nicht sehr beliebt. Bereits 1062 schrieb er Geschichte, weil er ein Kind entführte, nicht irgendeins, sondern den Kaisersohn Heinrich IV. lockte er in Kaiserswerth unter einem Vorwand auf sein Schiff

und gab dann das Signal zum Ablegen. Als Heinrich zur Flucht in den Rhein sprang, zogen ihn die Mannen des Erzbischofs wieder an Deck. So wurde der zwölfjährige König unter der Obhut Annos erzogen. Im April 1074 hatte Anno II. mit dem Münsteraner Bischof in Köln die Ostermesse gefeiert. Für die Heimfahrt des Gastes beschlagnahmte er kurzerhand das Schiff eines Kaufmanns. Dieser Vorfall löste bei den Kölnern so viel Unmut aus, dass sie auf Rache sannen. Aber als sie sich während der Messe im Domhof versammelten und schließlich die Kathedrale stürmten, war Anno bereits geflohen. Man nimmt an, dass er dabei diesen Schacht, der „Annostollen" genannt wird, benutzte.

Die Entführung des Bäckers Philipp Ecks im Oktober 1588 bei St. Paulus sorgte in Köln für erhebliches

Über den Einstieg im so genannten Annostollen gelangte man im Mittelalter in einen Gang, der unter der römischen Stadtmauer aus der Stadt hinaus führte. Mit diesem Schacht wird die Flucht des Erzbischofs Anno II. im Jahr 1074 verbunden.

Im Schatten des Doms wurden in früheren Zeiten viele Todesurteile gefällt. Für manch einen, der auf dem Domhof sein Leben ließ, war es wohl das letzte, was er sah.

Aufsehen und drastische Strafen gegen die Urheber. Der Ratsherr Hermann von Weinsberg berichtet, dass die Täter ihr Opfer fesselten und knebelten, dann verpackten sie es in einem sieben Fuß hohen Weidenkorb und versteckten es. Von der Bäckersfrau forderten sie in einem Brief 2 000 Kronen Lösegeld. Das entspräche heute wohl 50 000 Euro. Nach vier Tagen konnten ihn Gewaltrichter und Diener befreien. Den angeblichen Anstifter, einen Adligen namens Rutger von Impell, konnte man nicht fassen. Deswegen fiel das Urteil für die Mittäter milder als vorgesehen aus, denn sie sollten eigentlich mit „glühenden Zangen zerrissen und geviertelt" werden. Stattdessen wurden sie nach der Urteilsverkündung in einem Korb aus der Stadt geschleift, vorbei an den Orten des Verbrechens. Die Strafe nahm also auf das begangene Verbrechen Bezug. Auf Melaten wurden sie anschließend gerädert und geköpft. Trotz strömenden Regens waren viele Zuschauer gekommen.

Anfang der 1980er-Jahre sorgten in Köln zwei Kindesentführungen für viel Aufsehen. Der erste Fall war 1981 der des Johannes Erlemann. Es wurde eine Lösegeldübernahme in einem Waldstück bei Brück vereinbart. Nach zwei Tagen Beobachtung stellten die Polizeibeamten fest, dass die Kiste auf einem Kanaldeckel stand – die Entführer hatten sich das Geld längst unbemerkt herausgeholt. Sie wurden aber schließlich gefasst. Wenige Monate später, am 18. Dezember 1981, hielt die Entführung der achtjährigen Nina von Gallwitz die Nation in Atem. Sie konnte erst im Mai 1982 nach 149 Tagen befreit werden. Von dem gezahlten Lösegeld in Höhe von 1,5 Millionen Mark und den Tätern fehlt jegliche Spur.

Bis zu ihrem Umzug 2000 befand sich die Domschatzkammer im nordöstlichen Bereich des Chors. Der Domschatz war in allen Jahrhunderten Anlass für Diebstähle und Plünderungen. Ein Aufsehen erregender Einbruch ereignete sich in der Nacht vom 1. auf den 2. November 1975. Kurz nach Mitternacht hörten die Wächter Lärm aus der Domschatzkammer, konnten mangels Schlüssel aber nicht selbst nachsehen. Der Küster schloss kurz darauf die Schatzkammer auf und nahm den Schaden ins Visier: ein Trauerspiel. Die Polizei stellte fest, dass die Täter durch den Ventilator in die Schatzkammer eingedrungen waren. Die Alarmanlage hatten sie außer Betrieb setzen können. Die Polizei konzentrierte sich von Anfang an auf Nichtkölner Ganoven, denn in der Kölner „Unterwelt" gilt der Dom als „unantastbar". Obwohl Interpol eingesetzt und der Fall in der Fernsehsendung „XY ungelöst" vorgestellt wurde, kam die Polizei bei ihren Ermittlungen zunächst nicht weiter. Erst im Sommer 1976 fasste sie die beiden Mittäter, ein Jahr später schließlich den Haupttäter. Die meisten geraubten Gegenstände aus dem Domschatz waren mittlerweile allerdings stark zerstört. Einige sind inzwischen restauriert und können wieder in der neuen Domschatzkammer bewundert werden.

Zwanzig Jahre nach diesem spektakulären Einbruch ereignete sich im Februar 1995 ein erneuter Diebstahl in der Schatzkammer. Ein silbernes Vortragekreuz aus dem 19. Jahrhundert wurde entwendet.

Der Domraub 1975 – Kardinal Höffner besieht sich voll Entsetzen den Schaden: Vitrinen sind aufgebrochen, die schönsten und wertvollsten Gegenstände geraubt, eine Monstranz und ein Bergkristallzylinder liegen zerbrochen am Boden.

Auf die Schätze der Kölner Domschatzkammer haben es Diebe in
vielen Jahrhunderten abgesehen.
In früheren Zeiten wurde Kirchen-
raub mit der Todesstrafe gesühnt.
Ein spektakulärer Raub in der
Domschatzkammer trug sich 1975
zu. In den neuen Gewölben dürfte der Domschatz nun sicher ver-
wahrt sein.

Diesmal schaltete sich der Kölner Halbganove Heinrich Schäfer, genannt „Schäfers Nas", in die Ermittlungen ein. Er bekam auch Hinweise und durch einen Mittelsmann verabredete er die Übergabe.
Dompropst Bernhard Henrichs war sehr froh, als er
das Kreuz wieder in den Händen hielt. Damals
begründete Schäfers Nas sein Engagement mit dem
Satz, der wohl im ungeschriebenen Ehrencodex
Kölner Ganoven steht: „Es gehört sich nicht, dem
Dom etwas zu stehlen." Nicht einmal die 3 000 DM
Finderlohn wollte der Helfer annehmen. Umso mehr
soll er sich über das Angebot des Dompropstes ge-
freut haben, in der Sonntagsmesse für seine Seele
zu beten, was auch geschah.

Ein Blick in die Geschichte des Kirchenraubs zeigt,
dass die drastischen Strafen vergangener Jahrhun-
derte ihn nicht verhinderten. Die Täter mussten früher mit dem Todesurteil rechnen. Gehängt wurden
sie auf Melaten, so geschehen mit drei jungen Wol-
lenwebern am 9. Juli 1569. Schlimmer traf es Johann, den „Hurensohn", im Mai 1573. Mit mehreren
anderen hatte er den Kirchenschatz von St. Christoph
ausgeraubt. Nachdem er gefasst worden war, verurteilte ihn das Hohe Weltliche Gericht zum Ausschlei-
fen aus der Stadt, dann wurden ihm auf dem Rad
Arme und Beine gebrochen, schließlich wurde er enthauptet. Der Leichnam aber wurde auf dem Rad den
Raben zum Fraß geboten.

In der Kreuzkapelle erinnert ein Grabmal mit einem
seit 1633 leeren Sarg an Erzbischof Engelbert I. Der
kostbare Barockschrein steht in der Schatzkammer.
Den Erzbischof ereilte 1225 im Bergischen Land das
Schicksal. Seine eigene Familie hatte sich gegen ihn
verschworen und lauerte ihm auf einem Hohlweg

bei Gevelsberg auf. Eine zeitgenössische Beschreibung berichtet, jeder männliche Verwandte habe mindestens einmal zugestochen: Dann müsste er über 50 Stiche davon getragen haben. Lange Zeit sah man das für übertrieben an. Als dann aber 1979 der Kölner Gerichtsmediziner Professor Günter Dotzauer die Gebeine untersuchte, fand er etwa 40 Verletzungen in den Knochen. Allein eine fünf Zentimeter lange Verletzung in der Schädeldecke dürfte tödlich gewesen sein. Dass er so grausam ums Leben kam, sieht man der lächelnden Marmorfigur des Erzbischofs auf dem Grabmal gar nicht an.

Ein anderes markantes Hochgrab befindet sich gegenüber in der Marienkapelle. Ein Gitter wölbt sich über der Syenitfigur des Grafen Gottfried von Arnsberg. Er verstarb im September 1372 und hatte sein Vermögen, die Grafschaft Arnsberg, dem Hohen Domkapitel zu Köln vermacht. Allerdings unter der Bedingung, im Dom bestattet zu werden. Es wird erzählt, die erboste Familie habe nachts versucht, das Grabmal zu zerstören. Sie wurde aber entdeckt. Das Gitter sollte die Familie an einem erneuten Zerstörungsversuch hindern.

Einschüchternd sollten solche Figuren wie diese in der Rentkammer des Kölner Rathauses wirken. Wer sich dort an den Schätzen vergriff, dem drohte dieser Mann mit der erhobenen Keule Strafe an. Oft wirkte die Abschreckung aber nicht drastisch genug und hielt Diebe und Betrüger von ihrem Vorhaben nicht ab. Manch einer, der sich an der Habe anderer bereichern wollte, büßte dieses mit seinem Kopf.

Dort, wo vor dem Dom das kleine schattige Plätzchen mit den Bäumen am römischen Torbogen liegt, stand einst die Domdechanei. In diesem Gebäude richteten die Franzosen 1798 das Kriminalgericht für das Roerdepartement ein. Den Kölnern behagte das wenig, denn alle Verbrechen, die sich im De

In der Nähe des römischen Torbogens stand einst die Domdechanei, in der die Franzosen 1798 das Kriminalgericht für das Roerdepartement einrichteten. Einer mittelalterlichen Sage nach wurden an diesen Resten der römischen Stadtbefestigung zwei Domherren aufgehängt, die nach dem Leben des Bürgermeisters Grin getrachtet hatten und ihn einem Löwen zum Fraß vorwerfen wollten.

partement zugetragen hatten, wurden nun in Köln verhandelt. Entsprechend wurden Todesurteile hier vollstreckt. Neu war die Bestimmung, Hinrichtungen, aber auch das Stehen am Pranger, sollten auf einem öffentlichen Platz *in der Nähe* des Kriminalgerichts stattfinden. Das war in Köln der Domhof. Zur Vollstreckung der Todesurteile hatte Köln – wie Koblenz und Trier – im Oktober 1798 einen neuen Hinrichtungsapparat, eine so genannte Köpfmaschine erhalten. Später bürgerte sich der Name Guillotine nach ihrem Erfinder, dem französischen Arzt Joseph-Ignace Guillotin, ein. In Köln kam sie erstmals einige Monate nach ihrem Eintreffen zum Einsatz: Am 3. Mai 1799 wurde das Todesurteil gegen Jacob Bettinger aus Bullay an der Mosel vollstreckt.

Mit der Guillotine war auch ein neuer Scharfrichter nach Köln gekommen, der 46-jährige, in Maastricht geborene Johann Hamel. Sein Vater arbeitete dort als Henker. Er blieb vier Jahre in Köln, denn als das Kriminalgericht – zur Erleichterung der Kölner Bürger – 1803 nach Aachen verlegt wurde, zog Hamel dorthin.

Seine einzige Aufgabe bestand – wenn alles reibungslos verlief – darin, eine Krampe zu lösen, damit das Beil hinunterraste und den Kopf vom Rumpf trennte. Allerdings gab es zahlreiche Vorfälle, bei denen dieser technische Vorgang nicht so problemlos ablief. Dann mussten Hamel und seine Gesellen zum Messer greifen und per Hand nachhelfen. So beispielsweise bei der Hinrichtung von drei Mitgliedern der so genannten Mersischen Bande. Das Gericht hatte die drei Bandenmitglieder wegen unterschiedlicher Überfälle und Misshandlungen zum Tode verurteilt. Während der Exekution bewegte aber einer seinen Kopf so unglücklich, dass das Beil das Haupt nicht vollständig vom Rumpf trennte. Einige Wochen später ereignete sich ein ähnlicher Vorfall bei der Exekution von vier Verurteilten. Der „Beobachter" berichtet, bei dem ersten Hinzurichtenden, Wilhelm Wirz, sei der Kopf „wegen schlechter Beschaffenheit des Instruments" nicht sogleich abgetrennt gewesen. Deswegen habe „der Scharfrichter die äußeren Fleischteile des Halses abzulösen gesucht", um dann den zweiten Versuch zu starten. Dies geschah alles vor den Augen der drei anderen Hinzurichtenden!

Der Scharfrichter trat in der Regel im schwarzen Habit und kurzen seidenen Beinkleidern aufs Schafott. Dazu trug er weiße Strümpfe, Schuhe mit silbernen Schnallen und sein Haupt bedeckte „ein dreieckiger Hut mit goldener Schnur und goldenen Quasten".

Der Delinquent dagegen wurde in einem roten Hemd zum Hinrichtungsplatz geführt. Da viele an den bösen Blick des zu Tode Verurteilten glaubten, wurden ihm die Augen verbunden.

Bei weiten nicht alle, die auf dem Domhof unter den Franzosen ihr Leben ließen, hatten einen Mord begangen. Bei manchem Urteil blieben Zweifel, ob die Schnelligkeit des Kriminalgerichts auch die nötige Sorgfalt hatte walten lassen und ob die Geschworenen, die maßgeblich am Urteilsspruch beteiligt waren, den Fall angemessen beurteilen konn-

Das Flugblatt wurde zur Hinrichtung von Mathias Weber, genannt der Fetzer, am 19. Februar 1803 verteilt.

Im Augustinerkloster hatten die Franzosen das Kriminalgericht untergebracht, das im März 1802 seine Arbeit aufnahm. Als sie es nach Aachen verlegten, verlagerten sich auch die Hinrichtungen dorthin. In den vier Jahren, in denen in Köln Todesurteile gefällt worden waren, wurden 29 Menschen hingerichtet. Verglichen mit der durchschnittlichen jährlichen Zahl der Hinrichtungen in den Jahren und Jahrhunderten zuvor, war dies eine enorme Steigerung.

ten. Solche Zweifel kamen bei der Hinrichtung von Wilhelm Nolden und Hubert Busch aus Korschenbroich auf. Sie wurden beschuldigt, in ihren Heimatort bei einem Einbruch einen betagten Mann und seine Frau schlimm misshandelt zu haben. Die Frau bezichtigte die beiden Angeklagten, der Mann hingegen erkannte in ihnen nicht die Diebe. Sie wurden dennoch zum Tode verurteilt und im Juni 1802 geköpft, obwohl sie bis zum Schluss ihre Unschuld beteuerten.

Hauptsächlich zur Bekämpfung des Bandenwesens hatten die Franzosen das Spezialgericht eingerichtet, das seinen Sitz im Augustinerkloster hatte. Dieses Gericht war bei Verbrechern wegen seiner Strenge äußerst gefürchtet, zumal es aus drei Richtern sowie drei Militärpersonen bestand, auch die beiden Laien mussten die Befähigung zum Richteramt haben. In die Zuständigkeit dieses Spezialgerichts fiel auch der Fall des Räuberhauptmanns Mathias Weber, genannt der Fetzer. Er gruppierte etwa 15 bis 20 Mann um sich. Im Oktober 1801 hatte die Bande nicht weit

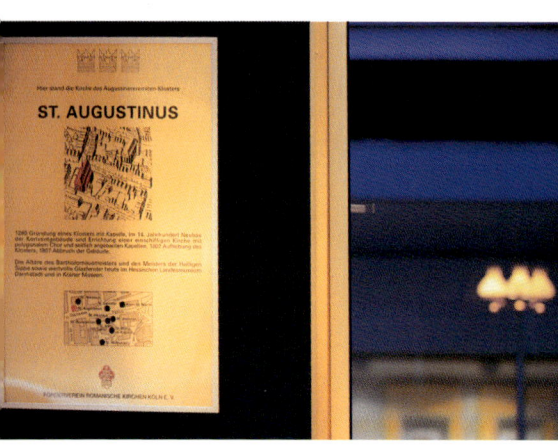

von Köln entfernt in Volkhoven ein Wirtshaus überfallen und die Bewohner misshandelt. Drei Täter wurden kurz darauf in einem Bordell gefasst. Ihr Prozess war der erste, mit dem sich das Spezialgericht befasste. Einer der Männer, Johann Hubert Schiefer, versuchte dem Todesurteil zu entkommen, indem er sich verrückt stellte. Er wurde tatsächlich als Wahnsinniger bei der Urteilsverkündung am 21. März 1802 freigesprochen. Seinen Bruder Michael und den anderen Komplizen, Wilhelm Knips, verurteilte das Gericht jedoch zum Tode. Alles Betteln um Gnade bewegte bestenfalls das anwesende Publikum, nicht aber die Richter. Der Exekution, die zwei Tage später erfolgte, sahen sie wohl gefasster ins Auge. Denn eine Zeitung, die über die Hinrichtungen, die innerhalb von zwei Minuten durchgeführt wurden, berichtete, betonte die „Entschlossenheit" der beiden. Michael Schiefer soll als letztes gesagt haben: „Ich habe es verdient!", Wilhelm Knips hingegen: „Gute Nacht, Welt!" Zuvor hatten beide umfassende Angaben über die Räuberbande um den Fetzer gemacht.

Die erste Frau, die auf dem Domhof hingerichtet wurde, war die 42-jährige Wollspinnerin Anna Catharina Schmitz aus der „Diepengaß". Mit ihr wurden am 10. Dezember 1802 fünf weitere Menschen enthauptet. Alle waren sie unterschiedlicher Diebstähle bezichtigt worden. Bei einigen der Überfälle soll auch der Fetzer dabei gewesen sein. Der „Beobachter" verbreitete, dass die Exekution der sechs Menschen „sehr glücklich ... in weniger als fünf Minuten von Statten gegangen" sei.

Am 19. Februar 1803 erfolgte die letzte Hinrichtung am Domhof. Nach einigen Festnahmen und wiederholten Ausbrüchen war der Fetzer doch gefasst und schließlich zwei Tage zuvor durch das Spezialgericht zum Tode verurteilt worden. Er soll an insge-

Die Bronzeplatte auf dem Roncalliplatz zeigt den Domhof und seine Umgebung. Hier befand sich auch das Hohe Weltliche Gericht, das über Folter, Leben und Tod entschied. Todesurteile wurden aber bis zur Franzosenzeit nur im Ausnahmefall im Domhof vollstreckt.

1893 wurde das kurkölnische Gefängnis, die Hacht, abgerissen. Hier hatten viele Gefangene schlimme Zeiten erlebt. Das Gebäude stand Ende des 19. Jahrhunderts den neuen Bebauungsplänen für die Südseite des Doms im Wege.

samt 302 Raubüberfällen beteiligt gewesen sein, zudem wurden ihm mehrere Morde zur Last gelegt, auch der an seiner Ehefrau. An der Guillotine schien er größtes Interesse zu besitzen, ließ er sich doch in seine Gefängniszelle Zeichnungen von ihr bringen und malte sie auf seine Zellenwand. Dabei vergaß er sich selbst als Opfer nicht. Kurz vor seiner Hinrichtung wollte der 25-Jährige unbedingt das Fallbeil sehen, dass ansonsten den Blicken der zu Tötenden durch ein Brett verdeckt war. An seiner Leiche bekundeten verschiedene Institutionen Interesse, denn der Rumpf wurde in die Kölner Anatomie gebracht, der Kopf hingegen nach Wien an einen Professor Franz Joseph Gall gesendet, der ihn mit seiner Schädellehre vergleichen wollte. Doch noch bevor es zur Untersuchung kam, war ihm bereits der Kopf entwendet worden.

Bis zur Franzosenzeit waren so gut wie keine Hinrichtungen im Domhof erfolgt, obwohl hier das Hochgericht tagte und das zugehörige Gefängnis, die Hacht, stand. Dieses Gericht, bestehend aus dem Greven als Vertreter des Erzbischofs und zwölf Schöffen, verhängte Körperstrafen wie Verstümmelungen und Auspeitschen sowie die Todesstrafe. Vollstreckt wurden Todesurteile aber in der Regel außerhalb der Stadt auf der Hinrichtungsstätte Melaten. Nur hochstehenden Bürgern widerfuhr die

Gnade, in der Stadt, in der Regel auf dem Heumarkt, hingerichtet zu werden.

Am 28. Juni 1474 spielte sich aber ein besonderes
Schauspiel im Domhof ab. Bereits Tage zuvor war
ein Holzgebälk gezimmert worden. Allerdings sollte der zu Tode Verurteilte nicht gehängt werden.
Das Blutgericht hatte sich etwas Besonderes über-
legt. An besagtem Tag kamen sieben Weihbischöfe
in ihrem Ornat, um der Hinrichtung eines Priesters
beizuwohnen. Dieser hatte wohl einige Menschen
betrogen und gegen Geldzahlungen eine Reihe Un-
redlichkeiten begangen. Außerdem hatte er bekannt,
seit einigen Jahren die Messe abgehalten zu haben,
ohne selbst zu beichten. Um die ihm bevorstehenden
Höllenstrafen vorwegzunehmen, wurde er in einem
Kessel – ohne vorherige Beichte – zu Tode gesotten.

Die Richter versuchten, mit den Hinrichtungs- oder
Verstümmelungsmethoden eine Art Wiedergutma-
chung für die begangene Tat herzustellen und dem
Delinquenten die Möglichkeit der Buße zu geben.
Deswegen wurde dem Dieb die rechte Hand abge-
schlagen, demjenigen, der Falsches von anderen be-
hauptete, oder dem Gotteslästerer die Zunge heraus-
geschnitten, der Räuber gerädert, der Dieb gehängt,
Zauberer verbrannt ...

Vor der Hinrichtung wurden die Delinquenten in den
Domhof geführt, das Urteil wurde öffentlich verlesen,
danach zerbrach der Greve zur Urteilsbestätigung
einen weißen Stab. Dann wurden die Verurteilten
gegen den „Blauen Stein" gestoßen. Anschließend
wurde der Delinquent auf den Schandkarren gestellt
und zum Richtplatz geführt. Das Abtransportieren
auf dem Schandkarren zählte zu den entehrenden
Strafen. Schlimmer noch war, wenn das Urteil „Aus-
schleifen" lautete.

Der Blaue Stein

Die Verurteilten wurden mit den
Rücken gegen den „Blauen Stein"
auf dem Domhof gestoßen. Dabei
wurden die Worte gesprochen:
„Wir stüssen dich an den blauen
Stein / du küss ze lebdah dinger
Vader un Moder nit mih heim!"
Somit war klar, dass der Verurteil-
te nicht mehr nach Hause kam.
Der Stein war etwa acht Fuß hoch
und drei Fuß breit.

2

Vergehen und ihre Bestrafung

Hölzerne Heuke, Henker, Hinrichtungen

Vorherige Seite:
Mit dem Sieg über den Erzbischof
in der Schlacht zu Worringen
1288 hatten die Kölner auch ihre
eigene Gerichtsbarkeit errungen.
Seither wurde im Rathaus, als
„Haus der Bürger" bereits im
12. Jahrhundert erwähnt, auch
Recht gesprochen.

unten:
Diese Strafkrone aus dem
17. Jahrhundert befindet sich
heute im Kölnischen Stadtmuseum.

So wie das Hinaustransportieren auf dem Schandkarren eine entehrende Strafe war, so zählten auch das Stehen unter einer Schand- oder Spottkrone und das Stehen am Pranger, am Kax, zu den entehrenden Strafen. Danach war derjenige quasi aus der Gesellschaft ausgeschlossen, oft konnte er in seinem bisherigen Beruf nicht weiterarbeiten, Heiratsaussichten verringerten sich drastisch, nicht selten geriet der Bestrafte dadurch in die Gruppe der unehrenhaften oder gar unehrlichen Leute, zu denen Bettler, Spielleute und Dirnen zählten. Manchmal wurde dem Delinquenten auch ein hölzerner Spottmantel, die Heuke, umgelegt. So geschehen 1520 mit Thoenis Sadelmecher, weil er – wohl an der Pest – erkrankte Schweine verarbeitet und verkauft hatte.

In Köln gab es drei Orte, an denen eine Schandkrone hing: Eine befand sich in unmittelbarer Nähe des Hohen Gerichts und der Hacht, am erzbischöflichen Hof, eine zweite auf dem Alter Markt, die dritte auf dem Heumarkt. Das Stehen am Kax dauerte unterschiedlich lange, es konnte ein halber, aber auch ein ganzer Tag angesetzt werden.

Unweit des Rathauses lächelt uns auf dem Laurenzplatz verschmitzt die Bronzebüste von Josef Kardinal Frings entgegen. Als es in den Städten nach Kriegsende wenig zu essen gab und die Menschen im Winter froren, versuchten viele, durch das „Mitnehmen" von „Klütten", Briketts, und Nahrungsmitteln zu überleben. Damit standen sie aber sowohl mit dem Gesetz als auch dem 7. Gebot in Konflikt. In der Silvesterpredigt 1946, die Josef Frings in St. Engelbert in Köln-Riehl hielt, sagte er: „Wir leben in Zeiten, wo in der Not auch der Einzelne wird nehmen dürfen, was er zur Erhaltung seines Lebens und seiner Gesundheit notwendig hat, wenn er es auf andere Weise, durch seine Arbeit oder durch Bitten, nicht erlangen kann." Diese Predigt sprach sich wie ein Lauffeuer herum, für die Menschen war der „Kohlenklau" nun sanktioniert, aber wie sollte man die „Selbsthilfe in der Not unter Missachtung behördlicher Verbote" nennen? „Fringsen" – natürlich.

Der Gülichplatz erinnert an eine schillernde Persönlichkeit im 17. Jahrhundert: Nikolaus Gülich. Geboren wurde er 1644 im Haus „Zur Münze" am Heumarkt als Sohn eines Tuchmachers. 1668 eröffnete Nikolaus Gülich sein Manufakturwarengeschäft in der Straße Obenmarspforten, am heutigen Gülichplatz. Damals waren viele Bürger mit den herrschenden Kreisen unzufrieden, die sich Ämter und Posten zuschoben. Daran lässt sich ermessen, wie alt der „Kölner Klüngel" ist. Am 6. September 1680 prangerte Gülich den Rat in einer Klageschrift öffentlich an und erreichte, dass ein Untersuchungsausschuss

Josef Kardinal Frings war von 1942 bis 1969 Kölner Erzbischof. Die Kölner verehrten ihn sehr, nicht zuletzt wegen seiner lebensrettenden Predigt, nach der das „Fringsen" erlaubt sei.

Im Februar 1686 wurde Nikolaus Gülich als „Rädelsführer" zum Tode verurteilt. Das Gericht verfügte damals, dass sein Haus geschleift wurde. Seitdem ist die Fläche, die nun Gülichplatz heißt, unbebaut.

eingesetzt wurde, den der Stadtsyndikus Arnold Judendunck leitete. Dieser brachte viel Unrühmliches ans Licht: Ämterkauf, Wahlbetrug, Veruntreuung ... Die Bürgermeister der letzten Jahre wurden zu drastischen Geldstrafen verurteilt und von allen Ämtern ausgeschlossen. Dieses Vorgehen verschaffte Gülich vor allem innerhalb des Rates viele Feinde. 1682 wurde er verhaftet, auf Druck der Gaffeln aber wieder auf freien Fuß gesetzt. Ein Jahr später erreichte er mithilfe der Gaffeln die Absetzung des Rates, einige hohe städtische Beamte wurden festgenommen, ein städtischer Notar, Gereon Hesselmann, sogar hingerichtet. Gülich ließ einen neuen Rat mit neuen Bürgermeistern einsetzen.

Doch mittlerweile hatten seine Widersacher Gülich beim obersten Stadtherrn, Kaiser Leopold I., angezeigt. Gülich aber missachtete die Bestimmungen des Kaisers. Etwa eineinhalb Jahre später bezichtigte ihn der Kaiser am 25. Juli 1685 als „Rädelsführer, Friedensstörer und Aufwiegler". Gülich wurde geächtet und schließlich mit einigen Mitstreitern verhaftet. Am 22. Februar 1686 erging das Todesurteil. Bevor der Henker das Urteil am nächsten Tag – fern seiner Heimat auf der Mülheimer Heide – an Gülich vollstreckte, wurden ihm die beiden vorderen Finger der rechten Hand abgehackt: Der Schwurfinger beraubt, hatte er seine bürgerlichen Ehrenrechte verloren. Das Gericht hatte außerdem verfügt, das Haus des Nikolaus Gülich zu schleifen. Der Platz durfte nie wieder bebaut werden – was bis zum heutigen Tag eingehalten worden ist.

Vorbei am Gürzenich führt uns ein kurzer Abstecher zum Augustinerhotel. Im Augustinerkloster hatten die Franzosen für einige Jahre das Spezialgericht eingerichtet (siehe S. 14). Weiter geht es durch das ehemalige Judenviertel zum Rathaus. Zwischen 1096 und 1424, bis die Juden Köln endgültig verlassen mussten, kam es zu zahlreichen Ausschreitungen gegen sie. In einem hebräischen Klagelied beschreibt ein Zeitzeuge des Ersten Kreuzzuges von 1096, der Rabbiner Joel Halevy, das Blutbad in Köln: „Die tückischen Feinde verdammten sie zu Tode, stachen sie nieder mit Schwert und Lanze; dennoch blieb ihre Seele anhänglich ihrem Gotte. Väter küssten ihre winselnden Säuglinge, sie zum Opfer weihend. Mütter verbargen das Angesicht, um nicht den Tod ihrer Kinder zu schauen, das fühlende Mutterherz bebte und Tränen rannen von den Wangen. Die Grausamen, sie schlitzten den Schwangeren die Leiber auf und begruben sie lebendig in Felsklüften. Andere wurden gräulich gemartert, lebendig aufs Rad geflochten." Solche Massaker, verübt von der pöbelhaften Vorhut der Kreuzfahrer, wiederholten sich entlang des Weges bei jedem Kreuzzug.

Über der Renaissancelaube des Rathauses erhebt sich mit Waage und Schwert sowie verbundenen Augen die Justitia. Zeichen dafür, dass bis zur Franzosenzeit die Ratsherren auch die Gerichtsbarkeit innehatten. Erst wenn die Herren befanden, es läge ein schlimmes Vergehen vor, wurde der Fall an das Hohe Gericht im Domhof verwiesen. Dieses quasi Zwei-Instanzen-System mag in der Zeit der Hexenverfolgung dazu beigetragen haben, dass – verglichen mit dem Umland – weniger Menschen unter dem Verdacht der Hexerei, Zauberei und des Teufelsverbunds an das Hohe Gericht verwiesen wurden. Generell fanden in freien Reichsstädten weniger Hexenprozesse als in ländlichen Regionen

Das Haupt des Nikolaus Gülich wurde in Erz gegossen und auf einem Pfahl auf dem Gülichplatz als Schandsäule zur Abschreckung und Mahnung aufgestellt. Die Franzosen erklärten den Rebellen zu einem Helden der Revolution und entfernten 1797 den Schandpfahl. Heute ist das Erzporträt im Kölnischen Stadtmuseum zu sehen.

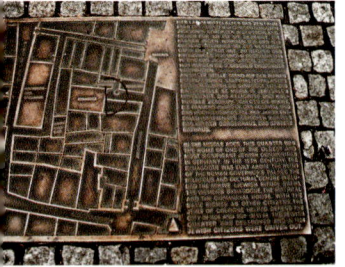

Die bronzene Bodenplatte erinnert an das mittelalterliche Judenviertel. Bis etwa 1300 war es noch nicht von einer Mauer umgeben, die dann aber zum „Schutz vor feindlichen Angriffen" verordnet wurde. Die jüdische Bevölkerung in Köln fiel immer wieder Massakern und Pogromen zum Opfer. Auch die Seuche, die 1349 in Köln wütete, legte man den Juden zur Last und bezichtigte sie der Vergiftung der Brunnen. Die Juden, die sich damals nicht selbst töteten, wurden ermordet.

statt. Allerdings weisen große freie Reichsstädte, die protestantisch geprägt waren wie Frankfurt oder Nürnberg, weniger Todesurteile als Köln auf, wenn es auch häufig zu Hexenprozessen kam.

Allerorten und zu allen Zeiten gab es Verurteilungen wegen „Zauberei" oder „böser Handlungen", teilweise übte das Volk auch Lynchjustiz. In Köln stießen Menschen eine angebliche Zauberin 1074 während der Revolte gegen den Erzbischof Anno II. von der Stadtmauer. Eine systematische Verfolgung hatte es aber bis zum 16. Jahrhundert nicht gegeben. Im Jahr 1484 erließ Papst Innozenz VIII. die so genannte Hexenbulle, die quasi eine Aufforderung war, das Üble wie ketzerische Bosheit, Aberglauben und zauberische Übertretungen auszurotten. Drei Jahre später erschien der „Malleus Maleficarum", der „Hexenhammer", den Heinrich Institoris und Jakob Sprenger verfassten, wohl im Auftrag des Papstes. Das Werk war ein Bestseller der Oberschicht in den folgenden Jahrhunderten. Mancherorts setzten Hexenverfolgungen bereits um 1500 ein, in den großen Reichsstädten meistens aber erst um 1590. Die zweite Welle erfolgte um 1620. In manchen Gegenden gab es noch im 18. Jahrhundert Hexenverfolgungen. Als wohl letzte deutsche Hexe starb Anna Schwägelin 1775 in Kempten.

Zwischen 1483 und 1617 wurden in Köln 39 Menschen beim Rat wegen Zauberei, Schadenszaubers, Geisterbeschwörung oder ähnlicher Vergehen angezeigt. Acht dieser Fälle wurden an das Hohe Gericht verwiesen, in einem ist für 1589 ein Todesurteil belegt. Dies erging gegen Peter Stube, dem Teufelsbuhlschaft und Inzest vorgeworfen wurden. Von 1617 bis 1630 häufen sich solche Beschuldigungen. Von insgesamt 49 Fällen gelangten 36 an das Hohe

Gericht, das 30-mal das Todesurteil verhängte. Einer dieser Prozesse wurde gegen Katharina Henot geführt. Nonnen aus dem Klarissenkloster beschuldigten die Henot 1626 der Hexerei. Ihr Fall kam vor das Hochgericht. Der Prozess erregte sehr viel Aufsehen, weil zum ersten Mal eine Frau aus der Oberschicht der Hexerei beschuldigt wurde. Gezielte, bisher unbeweisbare Intrigen gegen Katharina aus ökonomischem Interesse werden als Grund vermutet. Der Jesuitenpater Friedrich Spee von Langenfeld beobachtete den Prozess und hielt fest: „Erst kürzlich hat man eine Angeklagte zum Flammentode geführt, die drei, vier, ja fünfmal gefoltert worden war. Mit lauter Stimme bestritt sie, schuldig zu sein, hielt das durch alle Folterqualen hindurch bis zum Richtplatz aufrecht und bestieg, nachdem sie es auch noch dem Notar erklärt hatte, den Scheiterhaufen." Ohne Geständnis durfte eigentlich niemand zu Tode verurteilt werden. Das einzige Zugeständnis war, dass Katharina vor dem Anzünden des Scheiterhaufens erdrosselt wurde.

Friedrich Spee von Langenfeld hinterfragte in seinem zunächst anonym erschienen „Cautio Criminalis", der „Mahnung zur Vorsicht bei Hexenprozessen", die Hexenverfolgung sehr kritisch. Er sprach den durch Folter erpressten Geständnissen jegliche Glaubwürdigkeit und damit auch die juristische Verwendbarkeit ab.

Zwischen 1630 und 1645 gab es in Köln keine Hexenverbrennungen, was aber nicht dem Einfluss Spees zuzuschreiben ist, sondern dem Skandal um Christine Plum. Die 24-jährige ledige Obstverkäuferin bezichtigte sich 1629 selbst der Hexerei, beschuldigte aber gleichzeitig viele andere, darunter zehn bekannte Persönlichkeiten, so den Domherrn

Eine Skulptur an der Westseite des Ratsturms erinnert an Katharina Henot, die der Hexerei beschuldigt wurde. Obwohl sie fünfmal gefoltert wurde – offiziell waren nur drei Foltergänge zulässig –, beteuerte sie ihre Unschuld, auch in ihrem Abschiedsbrief. Den Brief schrieb sie mit der linken Hand, weil die rechte von der Folter gelähmt war. Neben ihr steht Friedrich von Spee.

links unten:
Die Justitia in der Nische der Renaissancelaube am Rathaus erinnert daran, dass lange Zeit hier Recht gesprochen wurde.

Als der Jesuitenpater Friedrich Spee als Verfasser der „Cautio Criminalis" bekannt wurde, enthob ihn die Kirche seiner Ämter und entzog ihm die Theologieprofessur. Strafversetzt nach Trier, betreute er dort als Seelsorger Kranke. Bei seiner Arbeit infizierte er sich an der Pest und starb 1635.

Franz von Lothringen, die Frau des Bürgermeisters Hardenrath und den anwesenden Juristen Dr. Wissius, Syndikus des Rats. Um den Skandal so klein wie möglich zu halten, wurde ein Eilprozess abgehalten. Im Januar 1630 wurde sie auf Melaten hingerichtet und die Prozessakten wurden verbrannt. Die letzte Hexenverbrennung erfolgte in Köln 1655. Die zwölfjährige Entgen Lenarts saß zuvor zwei Jahre im Gefängnis, denn sie hatte als Zehnjährige Hexerei gestanden, durfte jedoch erst als Rechtsmündige, also mit zwölf Jahren, hingerichtet werden.

In der Nähe des Rathauses gab es in Köln bis 1798 das „Bormshäuschen", eins der etwa 30 kleineren Gefängnisse, manche hatten nur ein oder zwei Zellen. 1796 saß Franz Theodor Biergans, der Herausgeber der Kölner Zeitschrift „Brutus", wegen „verleumderischer Schandschriften" einige Tage im Bormshäuschen. Er hatte sich für die Entfernung der Gülichsäule eingesetzt. Nach seiner Freilassung klagt Biergans gegen den Kölner Rat und beschwert sich über die schlechten Haftbedingungen „im elendesten, nur den verruchtesten Missetätern angemessenen Kerker". In einem Zeitungsartikel führt er aus, das Gefängnis sei mit faulem Stroh ausgestattet gewesen. Dieser Gestank und der der Mäuse hätten ihn nicht schlafen lassen.

Den Fetzer hatte es hier auch nicht lange gehalten. Er saß als „Vagabund" mangels Ausweispapieren im Bormshäuschen. Es gelang ihm, die Gitter der Zelle unbemerkt zu durchbrechen. Um ins Freie zu gelangen, hatte er den Gefängniswärter geschickt, ihm einen Krug Wasser zu holen. Wie erwartet, ließ der dabei die zweite Gefängnistür offen stehen. Auf dem Rathausplatz begegnete Fetzer sogar dem Wärter, doch geistesgegenwärtig grüßte er diesen freundlich, so dass der ihn gar nicht recht einordnen konnte.

Unterhalb des Rathauses liegt der Alter Markt. Hier spielte sich nicht nur das Markttreiben ab, sondern hier wurden auch Beschuldigte an den Kax, den Pranger, gestellt. Man konnte auch im „Drillhäuschen" etwas oberhalb des Marktgeschehens – für alle von weit sichtbar – zur Schau gestellt werden. Diese Strafe traf ebenfalls Marktleute, die bei den Gewichten geschummelt oder versucht hatten, die Käufer zu betrügen. Drastischere Strafen waren Blendungen und Brandmarkungen, die öffentlich vorgenommen wurden. Das heiße Eisen wurde im Fall der Blendung in ein Auge oder auch in beide Augen gerammt, bei Brandmarkungen in die Haut gestanzt. Damit waren die Beschuldigten für den Rest ihres Lebens gekennzeichnet. Wo immer sie auftauchten, war ersichtlich, dass sie bereits straffällig geworden waren und wo. Bei manchen Gesellen, die gegen die Statuten ihrer Zunft verstoßen hatten, wurde der Zunftring, den sie im Ohrläppchen trugen, herausgerissen. So waren sie für jedermann als „Schlitzohr" erkennbar.

Solange der Henker in der mittelalterlichen Gesellschaft halbwegs angesehen war, hatte er in der Hühnergasse ein Haus, in dem er mietfrei wohnte. Das war keine schlechte Lage, denn Alter Markt und

Auf dem Alter Markt spielte sich früher nicht nur das Marktgeschehen ab, sondern hier standen auch der Pranger, Kax genannt, und ein „Drillhäuschen". Manche Vergehen wie Betrug oder Diebstahl wurden hier mit dem „Zurschaustellen" bestraft. Solche Maßnahmen zählten zu den entehrenden Strafen und schädigten das Ansehen des Delinquenten erheblich.

Der Frankenturm der mittelalterlichen Stadtmauer galt noch
im 19. Jahrhundert als sicherstes
Gefängnis in Köln. Das Aquarell
von F.B. Vacher von 1838 zeigt
deutlich die vergitterten Fenster.
Mit vier Gefängnisräumen rhein-
wärts und zweien stadtwärts wies
der Turm die meisten Kerker in
Köln auf. Ein Grund, weshalb hier
etwa 70 Prozent aller Gefangenen
untergebracht wurden. Als Ende
des 19. Jahrhunderts die Stadtmauer abgerissen wurde, waren
die "Bleche Botz" und der
"Klingelpütz" schon lange ein
sicherer Ersatz.

Heumarkt zählten zu den renommierten Adressen.
Namen von Henkern sind uns nur wenige überliefert. Sie bleiben meistens anonym. Wenn von ihnen
die Rede ist, heißt es: Meister Hans, Meister Stoffel,
Meister Fix – ohne Bezug zu dem wirklichen Vor-
namen.

Angesehene Bürger, die in Köln zum Tode verurteilt
wurden, hatten die Gnade, auf dem Heumarkt ihr
Leben zu lassen. Dort wurde ein Holzpodest aufge-
baut, damit die versammelte Zuschauermenge alles
gut sehen konnte. Wenn es sich um einst hochste-
hende Würdenträger handelte, wurde das Podest mit
schwarzer Seide ausgekleidet. Es befand sich auch
nicht weit entfernt ein offener Sarg, dazwischen
brennende Kerzen. So geschehen 1398 im Fall des
Stadtschreibers Gerlach von Hauwe, des erzbischöflichen Siegelbewahrers Hermann von Goch und des
Bürgermeisters Hilger Quattermart. Alle drei hatten
an dem Umsturz der Geschlechtergesellschaft durch
die Zünfte 1396 teilgenommen; Hauwe wirkte sogar
maßgeblich am Text des Verbundbriefes mit. Sie
traten dann aber wieder auf die Seite der Patrizier.
Hermann von Goch wurde vor allem wegen Veruntreuung von Geldern zum Tode verurteilt.

Im Zuge der politischen Revolten von 1513 erging
das Todesurteil auch gegen Diederich Spitz, der un-
terschiedliche Ämter im Rat innehatte, sogar das des
Gewaltrichters. Seine Enthauptung erfolgte ebenfalls
auf dem Heumarkt. Bei dieser Hinrichtung nahm
der Henker wie gewohnt das Stadtschwert und
trennte mit sicherem Hieb das Haupt vom Rumpf.
Doch rollte der Kopf vom Podest vor die Füße eines
Fassbinders. Der packte beherzt den Schopf und
schleuderte ihn auf das Podest. Deswegen wurde er
umgehend aus der Fassbinderzunft ausgeschlossen,

denn er hatte sich in die Arbeit des Henkers eingemischt. Damit galt er als „unehrlich".

An der Frankenwerft stand bis zur Errichtung der „Bleche Botz" am Neumarkt das Kölner Gefängnis, das als das sicherste galt: der Frankenturm. Es hieß, aus den vier Gefängnisräumen gebe es keine Fluchtmöglichkeit, was sich nicht bewahrheitete. Statt Flucht konnte manch ein „Schwerverbrecher" „auf rechtmäßigem Weg" seine Freiheit erlangen: Er konnte zum Staupenlauf antreten. Dann musste er vom Frankenturm aus an einem Spalier von Menschen vorbei laufen bis in etwa auf die Höhe des Severinstors im Süden der Stadt. Die Menschen schlugen derweil mit allen möglichen Geräten, Knüppel, Stöcken und Stangen auf den armen Teufel ein. Erreichte er kurz vor dem Tor die Bäckerei Schmitz, dann hatte er es überstanden und durfte sich durch das Stadttor in die Freiheit schleppen.

Ganz selten diente in Köln der Rhein als Hinrichtungsstätte. Aber für das Jahr 1565 ist überliefert, dass der „unverbesserliche Gotteslästerer" Henrich Baumans in den Fluss geworfen wurde. Wahrscheinlich wollte man den Leichnam nicht einmal in ungesegneter Erde vor den Toren der Stadt wissen, sondern das Unheil sollte wohl weggespült werden. Gerne benutzen die Kölner den Rhein in der Franzosenzeit zum Schmuggeln. Manche machten daraus einen richtigen Volkssport. Das Unrechtmäßige daran wollten die wenigsten einsehen. Selbst der Kaufmann – und Präsident des Handelsgerichts – Johann Abraham Schaffhausen musste 180 000 Franken an den Zoll zahlen, weil man bei ihm „große Mengen Schleichhandelswaren beschlagnahmt hatte".

Der „Staupenlauf" war ein Mittel, in die Freiheit zu gelangen. Vom Frankenturm bis zum Severinstor musste der Verurteilte gehörig einstecken. Wer es bis zur Bäckerei Schmitz schaffte, hatte es überstanden. Daher haben wir noch den Ausdruck: „Do bes och noch nit an Schmitz Backes vorbei".

3

Markante Orte für Verbrecher

Weckschnapp, Klingelpütz, Rabenstein

Vorherige Doppelseite:

Die niederländische Bildhauerin Mari Andriessen schuf die Bronzeplastik „Mutter mit ihrem toten Kind". Die älteste Kölner Gedenkstätte für Opfer des Nationalsozialismus befindet sich seit 1958 in der Grünanlage am Hansaring unweit der mittelalterlichen Stadtmauer. Die Leichen von einer Frau und sechs Männern waren im Mai 1945 auf dem Gelände des Kölner Gefängnisses Klingelpütz ausgegraben worden. Bei den Toten handelte es sich wahrscheinlich um ausländische Zwangsarbeiter. Ihre Identität und die Umstände ihres Todes sind bislang unbekannt.

Am Konrad-Adenauer-Ufer, kurz vor dem Theodor-Heuss-Ring, steht noch, zwischen modernen Bauten eingebettet, ein kleines mittelalterliches Türmchen der Stadtmauer. Ursprünglich erhob sich hier die gewaltige Kunibertstorburg, die aber mit dem Abbruch der Stadtmauer Ende des 19. Jahrhunderts verschwand. An das erhaltene Türmchen ging der Name „Weckschnapp" über, den ursprünglich die Torburg innehatte, in der es drei gewölbte Gefängnisräume gab. Es wird erzählt, dass in einem der Räume Gefangene besonders schlecht behandelt wurden, weil man ihnen wenig bis nichts zu essen gab. Aber ab und an hängten die Wärter einen Laib Brot an die Decke. Allerdings so hoch, dass die Gefangenen ihn nur durch Springen erreichten. In dem Moment öffnete sich eine Falltüre und sie fielen in den Turmschacht. Da es wohl immer wieder Überlebende des Sturzes gegeben haben soll, unterband man diese Möglichkeit, indem man den Schacht mit Schwertern und Messern spickte. Da die heutige „Weckschnapp" nichts mit dem Gefängnis zu tun hatte, verwundert es auch nicht, dort keinerlei Hinweise auf die eher sagenumwobene Überlieferung zu finden. Allerdings soll es in der Kunibertstorburg eine martiali-

sche Folterkammer gegeben haben, in der so manches „Geständnis" erpresst wurde.

In der Neustadt Nord, am Reichensperger Platz, erhebt sich der von Paul Toemer konzipierte neobarocke Bau des Oberlandesgerichts (OLG), der zwischen 1907 und 1911 errichtet wurde. Von den etwa 400 Geschäftszimmern und 34 Sitzungssälen ist Saal 18 berühmt. Wegen seiner klassischen Ausstattung mit getäfelten Wänden wird der Raum besonders gerne von TV-Teams für Filmaufnahmen genutzt, ebenso wie das imposante Treppenhaus. Fast 30-mal im Jahr ist das OLG Filmkulisse: Mal trat Heiner Lauterbach als TV-Kommissar auf, mal standen Inge Meisel, Susanne Uhlen oder Till Schweiger vor der Kamera. Das OLG erweist sich je nach Bedürfnis der Film-Teams als wandelbare Kulisse, mal ist es Gericht, mal Bank oder Hotel. So geschehen in den Filmaufnahmen über Herbert Wehner, der während seines Exils in einem Moskauer Hotel lebte. – Eine Dreherlaubnis gibt es natürlich erst nach Dienstschluss der Beamten.

Ein weiteres mittelalterliches Gefängnis, das bis ins 19. Jahrhundert zwei kleinere und zwei größere Zellen aufwies, ist die Eigelsteintorburg. Ein viel größeres Gefängnis wurde unter den Preußen weiter westlich auf dem Gelände des ehemaligen Augustinerklosters Herrenleichnam errichtet. Es galt damals als das modernste. Nach der gleich danebenverlaufenden Straße hat der Bau den Namen „Klingelpütz" erhalten.

Der heutige Überrest der ursprünglichen Kunibertstorburg heißt im Volksmund „Weckschnapp" und erinnert an grausame Qualen, die Gefangene in dem früheren Gefängnis erdulden mussten. Der erhaltene Turm diente aber nie selbst als Gefängnis.

Die Bronzeplatte im Park am Hansaring, die auf einem Steinquader ruht, ist diagonal geteilt. Die eine Hälfte verweist auf Gefängnisgitter, die andere trägt die Inschrift: „Hier wurden von 1933-1945 über tausend von der nationalsozialistischen Willkürjustiz unschuldig zum Tode Verurteilte hingerichtet."

Der Architekt Matthias Biercher, der auch den Amtssitz des Regierungspräsidenten gegenüber dem Stadtmuseum konzipierte, errichtete um einen achteckigen Verwaltungszentralbau zunächst drei, sehr bald aber einen vierten Trakt für Häftlinge. Ein großes Zentralgefängnis war in der stetig wachsenden Stadt Köln notwendig geworden. Es sollte 800 Gefangene aufnehmen, davon „300 Zwangs-Arbeitsstraffällige und 500 Correctionäre". Die Gemäuer sahen manch einen Prominenten: Bereits während des „Kulturkampfes" unter den Preußen saß hier 1874 der Kölner Erzbischof Paulus Melchers 28 Wochen ein. An die dunkle Rolle, die das Gefängnis als zentrale Hinrichtungsstätte für das Rheinland unter den Nationalsozialisten spielte, erinnert in der heutigen Parkanlage ein Denkmal des Künstlers Karl Burgeff. Nach 130 Jahren war das Gefängnis hoffnungslos veraltet und hielt in Deutschland den traurigen obersten Rang als ausbruchfreudigstes Gefängnis. 1968 wurde die Institution nach Köln-Ossendorf verlagert. Der Name zog mit um, die Justizvollzugsanstalt heißt immer noch „der Klingelpütz".

Noch vor etwa 30 Jahren sah das schicke Kölner Szeneviertel, das Friesenviertel, ganz anders aus. Da war das Rotlichtviertel Treffpunkt für die „Halbwelt". Hier verkehrten auch die damals bekannten Ganoven Schäfers Nas, Retter des Kreuzes aus dem Domschatz, und Dummse Tünn, wie Anton Dumm überall genannt wurde. Sie lieferten sich so manche

Rangelei. Obwohl Heinrich Schäfers Akten wegen Körperverletzung, Zuhälterei, Nötigung und Freiheitsberaubung in den Gerichten Regale füllten, saß er nur fünfeinhalb Jahre im Knast. Im März 1991 machte Schäfers Nas, der offiziell Leibwächter war, Schlagzeilen, weil er einen Mitbürger aus den Fluten des Rheins rettete.

Im Mittelalter bis zum Ende des 16. Jahrhunderts lag am Berlich das städtische Bordell. Häufiger Gast war der Henker. Da ihm die hier tätigen Huren unterstellt waren, schuldeten sie ihm die entsprechenden Abgaben: Geld, Wein und je nachdem auch andere Dienste. Dafür sollte sie der Henker beschützen. Auf dem Berlich durfte sich bei weitem nicht jeder Mann blicken lassen, sondern nur der Unverheiratete oder Witwer. Erwischten die Dirnen einen „Unrechtmäßigen" – etwa einen Ehemann oder Mönch – so durften sie ihm seine Habe wegnehmen. So widerfuhr es dem Dürener Rektor Martinus Calcopeus 1569. Anschließend lieferten ihn die Damen an den Gewaltrichter. Wenn ein solcher Ehebrecher Glück hatte, wie 1573 Johann Scharrenberger aus Mettmann, Vater von fünf Kindern, kam er mit einer deftigen Geldbuße davon. Ein Jahr zuvor musste der Weseler Lakenverkäufer Gißbert van Lennep wegen des gleichen Vergehens

In „Klein Köln" – gegenüber lag einst der Vergnügungspalast „Groß Köln" – trafen sich gerne die Größen der „Halbwelt". Hier konnte man auch „Schäfers Nas" oder „Dummse Tünn" begegnen.

immerhin sechs Taler zahlen. Schlimmer aber waren die Ehrenstrafen. In dem Fall musste der Ehebrecher mit Kerze und Stein vor der Tür seiner Kirche stehen oder durch die Stadt ziehen.

1803 war die Kirche St. Maria in der Kupfergasse – und vor allem ihr Pfarrer – in aller Munde. In Deutz gab es am 6. September 1803 ein großes Fest, denn der neue Landesherr, der Graf von Nassau-Usingen war zu Besuch gekommen. Am Nachmittag verbreitete sich die Nachricht, in den Poller Wiesen seien zwei Frauenleichen gefunden worden. Ihre Kleidung deutete darauf, dass sie vom Oberrhein kamen. Da niemand die Frauen identifizieren konnte, wurden ihre Leichen in Deutz öffentlich ausgestellt. Das war wahrscheinlich eine ähnliche Attraktion wie vor einigen Jahren die Ausstellung „Körperwelten" auf dem Heumarkt, denn 1803 wurde berichtet, „halb Köln kam nach Deutz". Trotz der vielen „Leichenbeschauer" gab es keine Hinweise und die Toten wurden bestattet. Schließlich führte aber eine Beschreibung der Opfer und ihrer Kleidung doch noch zum Täter. Denn ein Kölner namens Coormanns, der erst spät von den Morden erfahren hatte, gab, nachdem er die Kleidung der Toten wiedererkannt hatte, wertvolle Hinweise, die schließlich zur Erfassung des Täters führten. Es war der Pfarrer von St. Maria in der Kupfergasse: Peter Joseph Schäffer. Die beiden Frauen waren die Schwestern Barbara und Katharina Ritter aus dem Elsass, die dem Pfarrer bereits zu seiner früheren Dienststelle nach Aachen gefolgt waren. In Köln wollten sie aber nicht länger im Geheimen leben und stellten immer höhere Forderungen. Der Pfarrer, der die Frauen finanziell unterhielt, geriet in

Die Kirche St. Maria in der Kupfergasse ist berühmt wegen des Gnadenbilds der „Schwarzen Mutter Gottes". Einer ihrer Pfarrer war allerdings vor langer Zeit in ein Aufsehen erregendes Verbrechen verwickelt.

immer größere Nöte und wusste sich schließlich keinen anderen Ausweg, als die Frauen zu ermorden. Peter Joseph Schäffer wurde am 29. Dezember 1803 in Aachen hingerichtet. Sein Fall ging in die Kriminalgeschichte ein.

Im Kölnischen Stadtmuseum sind die historischen Richterschwerter zu sehen. Der Henker hatte dafür zu sorgen, dass sie scharf waren.

Im Kölnischen Stadtmuseum sind Richterschwerter aus unterschiedlichen Jahrhunderten zu sehen. Der Henker hatte bei einer Enthauptung dafür zu sorgen, dass das Schwert scharf war, damit er möglichst mit nur einem Schlag den Kopf vom Rumpf trennte. Dies erforderte eine gewisse Geschicklichkeit – und Übung.

Damit er selbst in Übung blieb, köpfte er Schweine. Bei Körperstrafen und Hinrichtungen war der Henker für das Bereitstellen und das Funktionieren der Werkzeuge wie Schwert, Schaufel, Pickel oder Seil zuständig. Wenn es sich um teure Methoden handelte, teilten sich Henker und Greve die Kosten. Beim Sieden – wie im Fall des Priesters 1474 – stellte der Greve den Kessel, der Henker zahlte aber ein Drittel des Preises und die Leiter. Bei Verbrennungen gingen die Kosten für Heu, Seil und Pfosten zulasten des Henkers, der Greve zahlte das Stroh. Da der Henker nicht nur in Köln, sondern auch im Umland tätig war, hatte er aber auf der anderen Seite beträchtliche Einnahmen. Außerdem erhielt er die Kleider der Hingerichteten. Deren Geld und Besitz gingen allerdings an den Greven. Dennoch hatte der Scharfrichter auch viele feststehende Kosten, so musste er jährlich etwa zehn Mark – heute wohl 800 bis 900 Euro – an den Greven zahlen, an den Gerichtsschreiber eine Mark, beiden musste er im Herbst Walnüsse liefern. Außerdem erhielt der Gerichtsschreiber von ihm am Martinstag hundert Königsbirnen und zu Ostern hundert Eier, der Greve

Die „Bleche Botz" in der Schildergasse: Der Maurermeister Johann Butz und der Blechschläger Alexander Hittorf hatten das ehemalige Klarissenkloster umgebaut. Aus den Zellen hier hatte auch der Fetzer nicht fliehen können.

bekam die doppelte Menge. Neben anderen kleineren Verpflichtungen hatte er bei jedem Einsatz dem Gefängniswärter in der Hacht ein Huhn zu geben, für das Läuten der Glocken zahlte er vier Schillinge. Die Büttel erhielten von ihm einen viertel Liter Wein, wenn es zum Richtplatz ging zusätzlich eine Flasche.

Im Kölnischen Stadtmuseum hängt auch eine Strafkrone aus dem 17. Jahrhundert (siehe S. 20). Hier wirkt sie allerdings für uns heute nicht so abschreckend, wie sie es damals wohl war. In einer anderen Vitrine sehen wir die Dinge, die Hermann von Goch bei seiner Verhaftung 1398 bei sich hatte.

Lange Zeit erinnerte ein Schild in der Schildergasse 122 an die „Bleche Botz". Bis zur Errichtung des Klingelpütz' galt dieses Gefängnis als das sicherste in Köln. Nach 1848 wurde es reines Frauengefängnis. In der Richmodstraße erinnern die beiden Pferdeköpfe daran, dass Richmod von Aducht nur wegen der Habgier eines Totengräbers nicht scheintot begraben blieb.

Einen wahren Skandal löste 1484 zunächst die Aussage des Pfarrers von St. Aposteln aus, als dieser dem Stadtschreiber Edmund Frunt berichtete, ein hochstehender Bürger der Stadt habe ihm gebeichtet, es „mit manspersonen" zu treiben. Es wur-

de eifrig recherchiert, wahrscheinlich wussten auch viele, um wen es sich handelte, aber schließlich wurde der Fall unter den Teppich gekehrt. Ansonsten mussten Homosexuelle mit drastischen Strafen und sogar Ausschluss aus der Gesellschaft rechnen.

Von der Hahnentorburg, eine der erhaltenen Torburgen, die im Mittelalter nicht als Gefängnis dienten, führt uns der Weg zur ehemaligen Richtstätte Melaten: Weit außerhalb des „hellijen Kölle" fanden auf ungesegneter Erde die Hinrichtungen statt (zu erreichen mit den Linien 1 und 7, Haltestelle „Melaten"). Hier wurden Diebe, Räuber und Mörder gehängt, geviertelt oder enthauptet, Hexen, Zauberer und Ketzer verbrannt. So geschehen mit dem protestantischen Prediger Adolf Clarenbach und seinem Studenten Peter von Fliesteden am 28. September 1529. Während Clarenbach auf dem Weg nach Melaten innig betete, versuchte Fliesteden noch auf dem Weg zur Hinrichtungsstätte die Menschen von dem neuen Glauben zu überzeugen. Der Scharfrichter hatte wohl Mitleid mit Clarenbach und legte ihm ein Säckchen mit Pulver auf die Brust. Als dann die Flammen anfingen zu züngeln, explodierte das Pulver und Clarenbachs Leiden hatten ein Ende. Dem Studenten Fliesteden aber wurde gut eingeheizt.

Die Inschrift für den protestantischen Prediger Adolf Clarenbach und seinen Studenten Peter von Fliesteden schuf der Bildhauer Heribert Calleen. Die beiden Portestanten starben am 28. September 1529 als Ketzer auf dem Scheiterhaufen. Auf Melaten wurden auch Hexen und Zauberer verbrannt. Andere Verbrecher wurden gerädert, geviertelt oder starben am Galgen.

3

Von einer martialischen Hinrichtung am 8. Mai 1593 berichtet der Ratsherr Hermann von Weinsberg. Der Räuberhauptmann einer Erpresserbande, Johann von Polheim, sollte den Weg ins Jenseits antreten. Bevor der Henker ihn „dekolltierte", wurde er auf eine Bank gebunden und ihm wurden die Knochen gebrochen. Dann aber ging es noch weiter. Denn in den Turmbüchern steht, der Henker vierteilte den Körper, schnitt das Herz heraus und stieß es dem Toten vor den Mund. Damit sollte wohl daran erinnert werden, dass der Verbrecher schwangeren Frauen den Leib aufgeschnitten und die Herzen der Kinder gegessen haben soll. Der zerstückelte Leichnam mit dem Haupt soll dann zur Schau an den Galgen gehängt worden sein. Damit wurde er auch den Raben zum Fraß preisgegeben, weshalb der Hinrichtungsplatz auf Melaten auch „Rabenstein" hieß.

Die letzte Hinrichtung auf Melaten erfolgte am 13. Juli 1797: Der Kirchenräuber Peter Eick aus Siegburg wurde gehängt.

Die letzte öffentliche Hinrichtung auf Melaten war am 13. Juli 1797. Damals starb der Kirchenräuber Peter Eick am Galgen. Danach fanden die Hinrichtungen am Dom statt, wie wir hörten, denn Melaten wurde zum Zentralfriedhof umfunktioniert.